RELATION HISTORIQUE

ET PIÈCE AUTHENTIQUE

TOUCHANT

LA VIE ET LA MORT

DE S. A. R.

MGR LE DUC D'ORLÉANS,

PRINCE ROYAL.

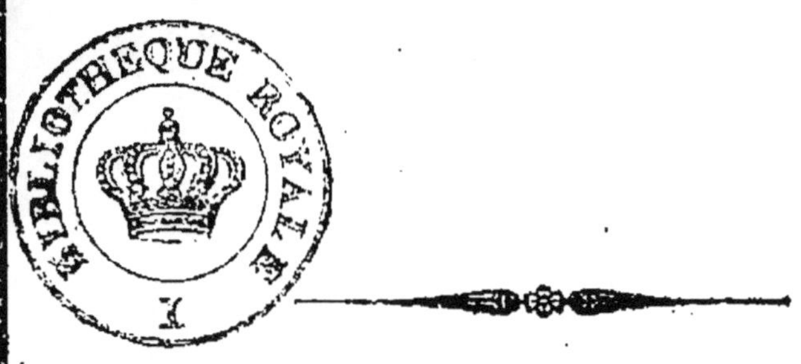

PARIS,

DERCHE, LIBRAIRE, MARCHÉ-NEUF, 34.

1842.

Chambre mortuaire.

Chapelle ardente.

RELATION HISTORIQUE

ET PIÈCE AUTHENTIQUE

TOUCHANT

LA VIE ET LA MORT

DE S. A. R. MGR LE DUC D'ORLÉANS.

Ferdinand-Philippe-Louis-Charles-Henri-Joseph d'Orléans, duc d'Orléans, prince royal, né le 3 septembre 1810, à Palerme en Sicile, était âgé de trente et un ans dix mois et dix jours.

Élevé dans nos colléges, aux applaudissemens du pays, il avait puisé, dans cette éducation forte et virile, des principes et des sentimens qui ont honoré sa courte carrière.

Tous ses condisciples étaient ses amis, et comment ne l'eussent-ils pas aimé, lui qu'ils trouvaient toujours prêt à leur tendre une main amie, lui dont le cœur généreux soutenait le faible, venait en aide au nécessiteux, s'ingéniait à atténuer les fautes des plus ardens, n'ayant rien à lui que les brillantes qualités dont le ciel l'avait doué! Aussi, dès qu'il y avait au collége quelque malheur à réparer, quelque bonne action à faire, ces mots étaient spontanément prononcés par tous les élèves : « Il faut dire cela à d'Orléans. »

L'histoire, la géographie, les mathématiques et les sciences qui s'y rattachent, les principes de l'art militaire et ceux de l'administration, enfin les différens exercices du corps, occupèrent tour à tour les jeunes années de ce prince; il apprit en outre la plupart des langues de l'Europe, et bientôt il parla avec la même facilité, avec la même élégance, le français, l'italien, l'allemand et l'anglais. Ces études si variées ne lui coûtaient pas le moindre effort, doué qu'il était d'une conception prompte, d'un coup d'œil juste et d'un besoin incessant de savoir. Dans quelque classe de la société que le hasard l'eût fait naître, ce prince eût certainement été l'un des hommes les plus remarquables de son temps; sur le trône, il eût été le modèle des rois.

Il aimait ardemment son pays, et il comprenait tout ce que le haut rang où le ciel l'avait placé exigeait de dévouement, d'intelligence et de courage.

Quand la révolution de juillet éclata, le duc d'Orléans n'avait pas encore vingt ans; mais, préparé qu'il était par ses fortes études, il fut sur-le-champ à la hauteur de sa grande position. Il n'avait pas seulement la grandeur et la richesse; il avait une noble et périlleuse carrière à fournir sur un sol remué par quarante ans de révolutions, des services à rendre, du bien à faire. Prince royal, il assistait le Roi de

Juillet dans les fatigues et les épreuves de la royauté; roi, il aurait eu à poursuivre l'œuvre si glorieusement commencée par son père, l'alliance de l'ordre et de la liberté ; il aurait eu à montrer à l'Europe le jeune combattant de Mouzeïa, appuyé sur la confiance et l'affection d'une armée française ; ami de la paix, fidèle aux traités, mais fier d'être la première sentinelle de la grande nation, et portant haut les couleurs qui ont triomphé à Jemmapes et à Austerlitz. Telle était la mission du prince royal. Elle était magnifique. Et qui ignore aujourd'hui que le duc d'Orléans mettait au service de sa destinée un esprit éminent, une âme fortement trempée, une éloquence naturelle et entraînante, un cœur ardent et bon, une intel- ligence incessamment cultivée et agrandie par l'étude, le plus merveilleux et le plus infatigable développement des facultés qui font les grands rois ?

Le peuple de Paris a de nobles instincts, une sensibilité généreuse, un cœur expansif; il aimait le duc d'Orléans, et il le pleure parce qu'il l'aimait. Le duc d'Orléans avait reçu du ciel, entre plusieurs dons qui ne viennent ni de l'éducation, ni de l'exemple, ni de la culture, un don précieux dans la haute position où sa naissance et le vœu du pays l'avaient placé ; il plaisait naturellement, et à cette qualité instinctive il ajoutait encore, par les agrémens de son esprit, la vivacité et le charme de sa conversation, son affabilité familière et digne, la noblesse exquise et la courtoisie royale de ses manières. On l'aimait donc à Paris, où ses rapports continuels avec la population, ses salons ouverts à toutes les notabilités de la politique, de la science, de la littérature et des arts, sa bourse ouverte à toutes les infortunes, avaient au loin répandu le renom de ces qualités si rares et si populaires. Paris n'avait pas oublié d'ailleurs que le jeune colonel du 1er de hussards avait, en août 1830, amené dans ses murs le premier régiment qui eût arboré la cocarde tricolore. Paris se rappelait que le duc de

Chartres avait tenu à grand honneur d'être inscrit parmi les premiers sur les contrôles de la garde nationale parisienne. Paris se souvenait de la visite du prince royal aux cholériques de l'Hôtel-Dieu. Paris avait vu le duc d'Orléans parcourir, au milieu d'une émeute sanglante, ses rues les plus exposées au feu régicide des insurgés. Paris se souvenait aussi avec quel empressement chaleureux, en plein conseil municipal, le duc d'Orléans était venu demander à la ville l'ajournement des fêtes de son mariage, interrompues par la catastrophe du Champ-de-Mars. Il dit aux autorités municipales : « Messieurs, ni la duchesse ni moi ne saurions prendre part à ces divertissemens alors que tant de familles sont dans le deuil à cause de nous. »

Par l'ordre du prince, les blessés reçurent tous les secours imaginables; des pensions furent faites aux veuves et aux orphelins qu'avait faits ce déplorable événement. Le prince royal ne s'en tint pas là : les Chambres, à l'occasion de son mariage, lui ayant accordé un million de rente, il songea tout d'abord à faire participer le peuple à ces largesses, et il donna immédiatement 162,000 fr. pour les distributions de livrets de la caisse d'épargne aux enfans qui se seraient le plus distingués dans les écoles des principales villes du royaume; 300 autres mille francs furent consacrés par lui à diverses libéralités sagement ordonnées, et 50,000 fr. pour procurer du travail aux ouvriers de Lyon, dont l'affreuse misère contristait son cœur.

Enfin Paris savait que le prince royal était un officier général du plus haut mérite, un intrépide soldat, un grand esprit, une âme ferme, et Paris l'aimait encore plus pour son bon cœur. M. le duc d'Orléans était humain, généreux, magnifique, et tout le monde le savait, tout Paris le ressentait autour de lui.

M. le duc d'Orléans habitait Paris; mais il avait traversé presque tous les départemens de la France, et son souvenir était partout vivant. Partout il avait laissé des traces durables de son passage. On se souvient de son voyage triomphal dans le Midi; et quand M. le duc d'Orléans est mort, on sait qu'il allait partir pour visiter de nouveau ces intelligentes et énergiques populations du Nord et de l'Est, au milieu desquelles il aimait à s'arrêter comme à l'avant-garde de la France. Nous ne dirons rien de cette France d'ontre-mer, de cette Algérie glorieuse et sanglante, où le prince royal avait fait trois campagnes à la tête de nos braves soldats. Si Paris pleure le duc d'Orléans, si la France doit prendre son deuil, hélas! où son souvenir fera-t-il couler plus de larmes, où sa mort versera-t-elle plus d'amertume et laissera-t-elle plus de vide que dans les rangs de cette armée vouée à la souffrance, à la fatigue, à la misère, à la destruction, par l'inévitable rigueur de la guerre et du climat, et où le prince royal répandait, d'une main si généreuse et d'un regard si vigilant, les bienfaits de sa sollicitude, les trésors de son expérience et de son dévouement!

Partout où nos soldats ont eu quelque chose à faire, le Prince royal s'est montré. A Anvers, en Afrique, il a payé de sa personne, et notre armée a pu apprécier tout ce qu'il y avait chez lui de noble instinct militaire, d'intelligente sagacité et de bravoure personnelle. On comprenait qu'il était né pour commander, et cependant, dans sa modeste défiance de lui-même, il ne voulait qu'obéir. C'est sous les ordres de nos plus illustres vététérans, les maréchaux Gérard et Clausel, qu'il a gagné ses éperons, et l'estime que l'un et l'autre lui avaient vouée s'adressait au jeune et brillant général beaucoup plus qu'à l'héritier du trône.

En 1832, le prince sollicita et obtint l'honneur d'un commandement dans l'armée française envoyée au secours des Belges auxquels les Hollandais voulaient faire subir une restauration honteuse.

Un peuple qui combat pour son indépendance est invincible! dit le jeune prince à ses troupes, lorsqu'il se mit à leur tête pour marcher contre l'ennemi ; et l'indépendance des Belges est intimement liée à la nôtre ; il faut donc ici vaincre ou mourir ! »

Les Hollandais ne laissèrent pas cette alternative à nos braves soldats ; ils prirent la fuite à la vue du drapeau tricolore.

Mais il restait encore des difficultés à surmonter de ce côté : les Hollandais occupaient la citadelle d'Anvers qu'ils refusaient d'évacuer. Dans l'impossibilité d'agir seul, le roi des Belges s'adressa de nouveau à la France, demandant au Roi des Français de vouloir bien donner des ordres pour que les troupes françaises, afin de forcer les Hollandais à se retirer, franchissent la frontière belge ; ce qui eut lieu le 15 novembre 1832.

Trois jours après, le duc d'Orléans fit son entrée à Bruxelles à la tête de l'avant-garde. Le 19 du même mois, les têtes de colonnes se montrèrent dans les environs d'Anvers. Le 22, le duc d'Orléans, commandant l'avant-garde, prenait position sur la route de Breda à Rosendaal. Dix jours entiers furent employés aux travaux préliminaires ; le 29 novembre, l'ordre d'attaquer est donné. Le même jour, à dix heures du soir, la tranchée fut ouverte par 4,500 hommes sous le commandement du duc d'Orléans, qui avait vivement sollicité ce dangereux honneur, bien qu'en sa qualité de général de cavalerie, il eût pu s'en dispenser.

Enfin le 4 décembre, à onze heures du matin, les batteries françaises ouvrirent leur feu contre la citadelle, sous le commandement du maréchal Gérard que le duc d'Orléans accompagnait. Des efforts inouïs signalèrent chacun des jours de ce siége mémorable, un des plus extraordinaires des temps modernes, selon le témoignage des vieux officiers. Souvent le nombre des infirmiers ne suffisait pas pour emporter nos blessés. Le duc d'Orléans se montrait partout, encourageant les artilleurs, et montant sur les parapets sans cesse exposés à la mousqueterie de la place, pour régulariser le pointage. Ce fut ainsi qu'il se fit connaître et aimer de l'armée électrisée par son courage.

Sous une grêle de balles et de boulets, le duc d'Orléans montrait, à 22 ans, le courage, le sang-froid et les talens militaires d'un général éprouvé au feu de cent batailles, n'usant de son influence que pour empêcher que son nom fût cité dans les bulletins, tant il craignait de n'avoir pas fait assez pour le pays, en lui sacrifiant sa vie, sa jeunesse, son avenir, son bonheur !.... Qui donc maintenant oserait lui contester ces qualités éminentes dont il a donné dans sa vie, si courte, hélas ! et si bien remplie, tant de preuves irrécusables ?....

« Je m'abstiens de vous recommander les soins à « donner aux blessés, écrivait le maréchal Soult, mi- « nistre de la guerre, au maréchal Gérard, sachant « que M. le duc d'Orléans leur consacre la plus tou- « chante sollicitude. »

Et c'est un des vieux soldats de l'Empire qui rend cette justice au jeune prince.

Enfin, Anvers se rend, et le duc d'Orléans revient à Paris, où de sourdes menées poussaient à l'insurrection, et des balles françaises viennent menacer la vie du prince que les boulets ennemis ont respecté !

L'armée entière adorait en lui l'homme qui avait pour tous ses besoins la plus tendre, la plus active sollicitude ; l'homme qui comprenait toutes ses susceptibilités, et qui était jaloux comme elle de maintenir intacte la vieille gloire de la France. Nos braves soldats de l'armée d'Afrique, dont il a partagé les dangers, verseront sur son sort des larmes amères, et ils se diront avec douleur que c'est au milieu de ses préoccupations militaires que la mort est venue le saisir, au moment où il se rendait au camp de Saint-Omer.

Que tous ces sympathiques témoignages atténuent, s'il se peut, l'immense douleur de l'auguste famille qui le pleure ! qu'ils allégent les souffrances de cette illustre veuve qui sent toute la perte qu'elle a faite, mais qui doit conserver une mère à l'héritier présomptif du trône de France!

Le 13 juillet, à midi, M. le duc d'Orléans devait partir pour Saint-Omer, où S. A. R. devait inspecter plusieurs des régimens désignés pour le corps d'armée d'opérations sur la Marne. Ses équipages étaient commandés, ses officiers étaient prêts. Tout se disposait au pavillon Marsan pour ce voyage, après lequel S. A. R. devait aller rejoindre Mme la duchesse d'Orléans aux eaux de Plombières.

A onze heures, le prince monta en voiture dans l'intention d'aller à Neuilly faire ses adieux au Roi, à la Reine et à la famille royale.

La voiture qui conduisait le prince était un cabriolet à quatre roues, en forme de calèche, attelé de deux chevaux à la Daumont. Cet équipage était celui dont S. A. R. se servait habituellement pour ses courses dans les environs de Paris. Le prince était seul, n'ayant permis à aucun de ses officiers de l'accompagner

Arrivé à la hauteur de la porte Maillot, le cheval monté par le postillon s'effraya et prit le galop. Bientôt la voiture fut emportée dans la direction du chemin de la Révolte. Le prince voyant que le postillon était dans l'impossibilité de maîtriser ses chevaux, mit le pied sur le marchepied de la voiture, lequel est très-près de terre, et sauta sur la route, à peu près à moitié du chemin de l'avenue qui est perpendiculaire à la porte Maillot. Les deux pieds du prince touchèrent le sol, mais la force de l'impulsion le fit trébucher, la tête porta sur le pavé, la chute fut horrible. S. A. R. resta sans connaissance à la place où elle était tombée.

On accourut au secours du prince, et on le transporta dans la maison d'un épicier, située sur la route, à quelques pas de là, vis-à-vis des écuries de lord Seymour. Pendant ce temps, le postillon s'était rendu maître des chevaux, et il revenait se mettre à la disposition du prince.

S. A. R. n'avait pas repris ses sens. Elle fut étendue sur un lit, dans une des salles du rez-de-chaussée, et on se mit en quête des premiers secours que réclamait la gravité de son état. M. le docteur Baumy, médecin des environs, accourut et lui donna les premiers soins. Une saignée fut pratiquée. Elle ne produisit aucun bien.

Cependant la nouvelle de cet accident avait été apportée à Neuilly. La Reine était partie à pied en toute hâte; le Roi l'avait suivie. S. M. avait dû aller à midi présider le conseil des ministres aux Tuileries. Ses voitures étaient prêtes; elles rejoignirent LL. MM. qui, accompagnées de Mme la princesse Adélaïde et de Mme la princesse Clémentine, continuèrent leur route en voiture jusqu'à la maison où M. le duc d'Orléans avait été porté, et où il ne donnait presque plus aucun signe de vie. On se figure plus aisément qu'on ne les décrit, l'émotion et la douleur de LL. MM. et de LL. AA. RR. en présence d'un pareil spectacle.

Cependant M. le docteur Pasquier fils, premier chirurgien du prince royal, venait d'arriver. En même temps, M. le duc d'Aumale, accouru de Courbevoie, et M. le duc de Montpensier, de Vincennes, avaient rejoint leurs augustes parens.

Le docteur, après avoir examiné l'état du blessé, avait déclaré que sa situation était des plus graves. On craignait un épanchement au cerveau, et tous les symptômes se réunissaient malheureusement pour donner crédit à cette appréhension redoutable. Chaque minute semblait empirer le mal. Le prince n'avait pas repris un seul instant connaissance. Quelques mots, confusément prononcés en langue allemande, avaient seuls pu inspirer un espoir presque aussitôt évanoui que conçu.

Le Roi avait fait prévenir les ministres rassemblés en conseil aux Tuileries, et qui s'étaient immédiate-

ment rendus à Sablonville, dans la maison où S. A. R.
se mourait. M. le maréchal duc de Dalmatie, président du conseil, M. le maréchal Gérard, MM. les
ministres de la justice, des affaires étrangères, de
l'intérieur, de la marine, des finances et de l'instruc-
tion publique étaient présens. M. le chancelier de
France, M. le préfet de police, M. le lieutenant-
général Pajol, M. le général Aupick, les officiers de
la maison du Roi et des princes étaient accourus et
avaient été introduits dans l'espace laissé libre près
de la maison, et entouré d'un cordon de sentinelles.

A deux heures, le mal empirant, le Roi a donné
l'ordre de faire prévenir Mme la duchesse de Nemours,
qui était restée à Neuilly, d'après le désir de S. M.
La princesse est arrivée quelques instans après, ac-
compagnée de ses dames.

Aucune plume ne peut rendre l'aspect déchirant
que présentait la chambre où le prince royal avait
été déposé, au moment où la duchesse de Nemours
était venue confondre ses larmes avec celles de sa
famille. La Reine et les princesses étaient agenouillées auprès du lit du prince mourant, versant sur
cette tête si chère des flots de larmes et de prières.
Les princes sanglottaient. Le Roi, debout, immo-
bile, les yeux fixés sur le visage décoloré de son fils,
suivait les progrès du mal dans un silence doulou-
reux. Au dehors, la foule augmentait à chaque minute, éperdue et consternée. M. le curé de Neuilly
et son clergé, prévenus par ordre du Roi, s'étaient
immédiatement rendus à Sablonville.

Cependant, sous l'influence d'une médication éner-
gique, l'agonie du prince se prolongeait. La vie se
retirait, mais lentement, et non sans lutter contre la
destruction qui allait emporter tant de jeunesse. Un
moment la respiration parut plus libre; le pouls
devint sensible; et comme les cœurs désolés se rattachent aux moindres espérances, on se reprit à es-
pérer. Un instant de calme interrompit cette longue
scène d'affliction. Mais cette lueur d'espoir disparut

bientôt. A quatre heures, le prince royal était en proie à tous les symptômes les moins équivoques d'une fin prochaine. A quatre heures et demie, il rendait son âme à Dieu, béni par la religion, qui avait assisté ses derniers momens, entre les bras du Roi son père, qui avait incliné ses lèvres sur ce front mourant, sous les larmes de sa mère infortunée, au milieu des sanglots et des cris de douleur de toute sa famille.

Le prince mort, le Roi avait entraîné la Reine dans une pièce contiguë à la chambre mortuaire, et où les ministres, les maréchaux et tous les assistans étaient rassemblés. On se précipite aux pieds de la Reine. « Quel malheur pour notre famille ! s'écrie « S. M. ; mais quel affreux malheur aussi pour la « France ! »

Et en prononçant ces mots la Reine sanglottait. Autour d'elle tout était en larmes, gémissemens, désolation. Le Roi s'est approché du maréchal Gérard, qui fondait en larmes, et lui a serré la main avec une indicible expression de douleur paternelle, de résignation magnanime et de fermeté toute royale.

Cependant la dépouille mortelle du prince royal avait été placée sur une litière, recouverte d'un drap blanc. La Reine avait refusé de remonter dans sa voiture, et elle avait déclaré qu'elle accompagnerait le corps de son fils jusqu'à la chapelle du palais de Neuilly, où elle avait voulu qu'il fût exposé. En conséquence, on avait fait venir en toute hâte une compagnie d'élite du 17ᵉ régiment d'infanterie légère pour former la haie sur le passage du cortége funèbre, et c'est ainsi que ces braves, qui avaient accompagné le prince royal dans le défilé des Portes-de-Fer et sur les hauteurs de Mouzaïa, servaient d'escorte à son convoi. Plusieurs soldats pleuraient. Tous se rappelaient avec quelle valeur brillante le duc d'Orléans abordait l'ennemi, par quelle bienfaisance délicate et généreuse il savait tempérer la rigueur nécessaire du commandement.

A cinq heures, le lugubre cortége s'est mis en route. Le lieutenant-général Athalin marchait en avant de la litière qui était portée par quatre sous-officiers. Derrière le corps suivaient à pied : le Roi, la Reine, Mme la princesse Adélaïde, Mme la duchesse de Nemours, Mme la princesse Clémentine, M. le duc d'Aumale, M. le duc de Montpensier. Venaient ensuite M. le maréchal Soult, les ministres, le maréchal Gérard, les officiers généraux, les officiers du Roi et des princes, et toute la foule des assistans.

Le convoi parcourut ainsi l'avenue de Sablonville, franchit la vieille route de Neuilly, et entra dans le parc royal, qu'il traversa dans toute sa longueur. Le Roi n'avait voulu céder à personne le droit de conduire ce premier deuil de son fils aîné. Il est ainsi arrivé, accompagné de la Reine, jusqu'à la chapelle du château, où LL. MM. et LL. AA. RR., après s'être agenouillées devant l'autel, ont laissé le corps de leur enfant bien aimé sous la garde de Dieu !

Le soir, la famille royale s'était retirée. Le chancelier et les ministres seuls ont été admis chez le Roi.

A sept heures, M. Bertin de Veaux, officier d'ordonnance du Prince royal, et M. Chomel, premier médecin de S. A. R., sont partis pour Plombières, où Mme la duchesse d'Orléans devait passer une saisou de bains. Au milieu des émotions déchirantes de cette journée funeste, le souvenir de cette princesse infortunée n'a pas cessé d'être présent à la pensée de sa famille d'adoption, et son nom se mêlait à toutes les larmes.

A neuf heures, Mme la duchesse de Nemours et Mme la princesse Clémentine, accompagnées de Mme Angelet et de M. le lieutenant-général de Rumigny, ont également pris la route de Plombières.

LL. AA. RR. sont chargées de porter à la duchesse d'Orléans des lettres du Roi et de la Reine.

A dix heures, M. le duc d'Aumale, accompagné de M. le comte de Montguyon, aide-de-camp du Prince royal, a été envoyé par le Roi au pavillon

Marsan, où il a été procédé, en sa présence, à la mise des scellés sur les papiers de S. A. R.

M. le commandant de Larue, officier d'ordonnance du Roi, est parti pour le château d'Eu, avec mission de ramener LL. AA. RR. le comte de Paris et le duc de Chartres, qui devaient passer la saison des bains de mer dans cette résidence.

A onze heures du soir, M. le duc d'Aumale est revenu au château de Neuilly, où S. A. R. s'est établie avec le duc de Montpensier.

Un courrier a été expédié à M. le duc de Nemours, et l'ordre a été envoyé à Toulon de diriger un bateau à vapeur vers les côtes de Sicile, où l'on suppose que l'escadre de l'amiral Hugon, dont fait partie le prince de Joinville, doit se trouver en ce moment.

Telle a été la journée du 13 juillet; elle comptera parmi les plus calamiteuses qui aient signalé ce règne où tant de cruelles épreuves se sont mêlées à tant de bienfaits.

La mort de M. le duc d'Orléans remplira d'une amertume sans remède les dernières années, et puissent-elles être nombreuses! de ce Roi au noble cœur, qui a vu passer sur sa tête tant de périls de toutes sortes, et qui n'a jamais été sensible qu'à ceux de ses enfans. « Encore si c'était moi ! » disait le Roi en tenant dans ses bras le corps défaillant de son fils....

La journée du 13 juillet ne laissera pas des traces moins profondes dans l'âme de cette Reine admirable, dont le premier cri, dans une si grande détresse de son cœur maternel, a été pour son pays : « Quel « affreux malheur pour la France! »

Extrait des registres de l'état civil de la Maison Royale.

« Du mercredi treizième jour du mois de juillet mil huit cent quarante-deux, dix heures du soir.

« Acte de décès de très-haut et très-puissant prince

Ferdinand-Philippe-Louis-Charles-Henri d'Orléans, duc d'Orléans, prince royal, né à Palerme le trois septembre mil huit cent dix, fils de très-haut, très-puissant et très-excellent prince Louis-Philippe, premier du nom, Roi des Français; et de très-haute, très-puissante et très-excellente Princesse Marie-Amélie, Reine des Français; marié à très-haute et très-puissante Princesse Hélène-Louise-Élisabeth, Princesse de Mecklenbourg-Schwerin; décédé cejourd'hui, à quatre heures après midi, en une maison sise commune de Neuilly, département de la Seine, où il avait été transporté à la suite d'une chute de voiture.

« Le présent acte dressé par nous Etienne-Denis, baron Pasquier, chancelier de France, président de la Chambre des Pairs, grand'croix de l'Ordre royal de la Légion-d'Honneur, remplissant, aux termes de l'ordonnance royale du 23 mars 1816, les fonctions d'officier de l'état civil des princes et princesses de la Maison Royale; accompagné de Élie, duc Decazes, pair de France, grand-référendaire de la Chambre des Pairs, grand'croix de l'Ordre royal de la Légion-d'Honneur; assisté de Alexandre-Laurent Cauchy, garde honoraire des archives de la Chambre des Pairs, chevalier de l'Ordre royal de la Légion-d'Honneur;

« En présence et sur la déclaration de Jean-de-Dieu Soult, duc de Dalmatie, pair et maréchal de France, ministre de la guerre, président du conseil des ministres, grand'croix de l'Ordre royal de la Légion-d'Honneur, né à Saint-Chamans-la-Bastide (Tarn), âgé de soixante-treize ans;

« Et de Nicolas-Ferdinand-Marie-Louis-Joseph Martin (du Nord), garde des sceaux, ministre de la justice et des cultes, grand-officier de la Légion-d'Honneur, né à Douai (Nord), âgé de cinquante et un ans, second témoin.

« Fait au château royal de Neuilly, où nous nous sommes transporté en vertu d'ordre du Roi, et où le corps du prince décédé, placé dans la chapelle du château, nous a été représenté par Louis-Marie-Jean-Baptiste, baron Athalin, pair de France, lieutenant-général, aide-de-camp du Roi, grand-officier de la Légion-d'Honneur.

« Et ont, les personnes ci-dessus désignées, signé avec nous, après lecture faite, au château de Neuilly, les jour, mois et an que dessus.

« *Signé* : Maréchal duc DE DALMATIE, N. MARTIN (du Nord), baron ATHALIN, le duc DECAZES, PASQUIER, AL. CAUCHY. »

M. le docteur Pasquier, premier chirurgien du prince royal, assisté de M. Pasquier père, premier chirurgien du Roi, et de MM. Fouquier, Auvity, Moreau, Blandin, Blache, Destouches, Sauvé et Séguin, a procédé le 15 juillet, en présence de M. le lieutenant-général baron Athalin, aide-de-camp de S. M., délégué par le Roi, à l'autopsie du corps de S. A. R. le duc d'Orléans.

Cette opération, commencée à sept heures du matin, s'est prolongée jusqu'à onze. Elle paraît avoir eu pour résultat de constater : 1° que la mort du prince a été occasionnée par la fracture de la partie postérieure du crâne, fracture qui s'étend d'une oreille à l'autre, et qui remonte à droite jusqu'à l'os frontal, lequel est presque entièrement détaché de la tête; 2° que tous les autres organes de S. A. R. étaient parfaitement sains et dans un état de conservation qui permet de supposer que le prince, dont le régime était excellent et la vie admirablement réglée, aurait pu vivre très longtemps.

Mᵐᵉ la duchesse d'Orléans est arrivée le 16 juillet, à neuf heures et demie du matin, au palais de Neuilly. Le Roi et la Reine attendaient S. A. R. à la descente de voiture, en avant du vestibule du *Petit-Château*, où les appartemens de la princesse avaient été préparés. Le Roi a reçu sa fille entre ses bras; la Reine l'a inondée de ses larmes. La duchesse sanglottait..... Mais comment raconter une scène qui n'a pas eu de témoins? Tout le monde s'était éloigné par respect pour ces premiers et augustes épanchemens d'une si grande infortune.

La nouvelle de la mort soudaine de M. le duc d'Orléans était parvenue à Plombières dans la journée du jeudi 14. M. le duc de Nemours, avant de quitter Nancy, avait fait expédier à M. le lieutenant-général Baudrand une dépêche qui contenait ces mots : « Le duc d'Orléans est mort à Paris. » Quand le général reçut cette nouvelle, la duchesse venait de rentrer d'une longue promenade, et elle se préparait pour le diner, auquel plusieurs personnes avaient été invitées. Le général courut chez le préfet, et en revint bientôt avec une nouvelle dépêche, rédigée par eux pour la circonstance, et dans laquelle il était question non plus de la mort, mais d'une maladie grave du prince royal. La princesse reçut avec une émotion douloureuse cette première et prudente communication de l'affreux malheur qui devait la frapper. Elle voulut partir sur-le-champ, et le général disposa tout pour son départ immédiat. Deux heures après, S. A. R. était en voiture. Elle voulut suivre la route de Neufchâteau pour éviter Nancy. « Le duc d'Orléans me grondera, dit-elle en partant; mais n'importe, mon parti est pris! »

A quelques lieues en deçà d'Epinal, pendant la nuit, la voiture de S. A. R. fut soudain arrêtée par la rencontre de celle qui devait conduire à Plombières M. le commandant Bertin de Veaux et M. Chomel. Ce dernier s'approcha de la portière de la princesse, qui mit pied à terre avec une vitesse extraordinaire. « Quelles nouvelles? demanda S. A. R. toute tremblante. Il est donc plus malade? » M. Chomel n'eut pas la force de répondre. « Il est mort! Je vous comprends! » s'écria la princesse avec un accent déchirant; et on eût dit qu'elle allait succomber sous le poids de son malheur. La crise fut longue et terrible..... Après avoir dit qu'elle comprenait, la princesse ne voulait plus croire à la réalité d'une catastrophe si épouvantable. « Non, cela n'est pas possible! s'écria-t-elle avec angoisse. Vous vous trompez, il n'était pas mort! Nous le retrouverons. Je le reverrai! »

Cette scène de douleur, à laquelle l'obscurité de la nuit ajoutait son deuil affreux, durait depuis longtemps! La princesse fut reportée dans sa voiture; elle ordonna de faire la plus grande diligence. Elle voulait arriver à temps « pour revoir mort, disait-elle, celui que le ciel l'avait condamnée à ne plus retrouver vivant! »

A Mirecourt, S. A. R. rencontra ses augustes sœurs, la

duchesse de Nemours et la princesse Clémentine, qui venaient au devant d'elle et qui avaient déjà passé deux nuits. Elle monta dans leur voiture et continua sa route vers Paris, sans s'arrêter un seul instant.

Partout sur le passage de S. A. R., les populations ont témoigné par leur contenance respectueuse, triste et consternée, la part qu'elles prenaient à son malheur.

Arrivée à Neuilly, et après avoir été reçue par LL. MM, Mme la duchesse d'Orléans a demandé ses enfans, qui lui ont été amenés. Elle les a pressés sur son cœur en les baignant de larmes.

Ensuite S. A. R. a été conduite par LL. MM. dans la chapelle où repose le corps de M. le duc d'Orléans. La princesse s'est agenouillée et a fait une prière. Puis elle a demandé avec instance que le cercueil fût ouvert......Mais cette triste et suprême consolation ne pouvait plus être accordée à sa douleur. Le cercueil avait été scellé avec du plomb, et il eût été impossible de l'ouvrir sans y employer beaucoup de temps et beaucoup d'efforts.

Mme la duchesse d'Orléans a été ensuite ramenée dans ses appartemens, où S. A. R. s'est mise au lit.

La princesse s'est levée à trois heures, et elle a voulu recevoir ceux des officiers du royal défunt qui se trouvaient en ce moment au château. M. le général Marbot, M. le duc d'Elchingen, M. le docteur Pasquier, M. de Boismilon et M. Asseline ont été successivement introduits. La princesse a également reçu Mme la duchesse d'Elchingen.

Le soir, Mme la duchesse d'Orléans a voulu dîner avec LL. MM. et la famille royale.

La santé de la princesse ne paraît pas avoir été sérieusement ébranlée par l'horrible épreuve qu'elle vient de subir. Après un désespoir déchirant, et dont ceux qui en ont été témoins ne parlent encore qu'avec des larmes, la duchesse d'Orléans a retrouvé le calme, le courage et la résignation que les âmes fortes savent opposer aux coups du sort. La veuve du prince royal s'est souvenue qu'elle est mère du comte de Paris. Fille adoptive de notre Roi, chère au pays qui aime en elle la réunion des plus rares qualités de l'esprit et du cœur, elle sait les grands devoirs de mère qui lui restent à remplir, et elle y prépare son âme au sein même de cette accablante douleur! La duchesse d'Orléans était digne de s'asseoir sur un trône à côté d'un prince que la France pleure en ce moment avec une si touchante unanimité. Elle se montrera digne encore d'un tel époux en apprenant à ses fils à imiter un tel père!

PARIS. — IMPRIMERIE LE NORMANT,
Rue de Seine, 8.